ADRESSE

DE LA SECTION DES PIQUES

AUX MARSEILLOIS.

ADRESSE

DE LA SECTION DES PIQUES

AUX MARSEILLOIS.

Républicains,

Les sentimens de fraternité dont la Section des Piques vous a déjà donné des témoignages, lorsqu'elle vous exprima, comme partie intégrante de la Commune de Paris, sa sensibilité à votre dévouement et aux généreux sacrifices que vous

A 2

avez faits pour la Patrie, la portent à vous communiquer aujourd'hui, avec confiance, sa sollicitude et ses vives alarmes, sur des excès commis envers un des Membres de la Convention Nationale, que l'on attribue, faussement peut-être, à quelques-uns de ses frères d'armes de vos Bataillons. La Section des Piques n'a pu se persuader que des Citoyens Marseillois ayent pu s'oublier à ce point, à moins qu'ils n'aient été égarés par de perfides suggestions ; car elle est intimement convaincue que les Marseillois en masse sont pénétrés des dangers auxquels la République seroit exposée, si la personne des Députés de la Convention Nationale, aujourd'hui l'unique appui de tous les bons Citoyens, n'étoit pas à l'abri des insultes et des outrages ; qu'ils n'ont pas oublié, que dans les Législatures précédentes, les Maury, les d'André, les Casalès, les Dupont et tous les Députés que leurs opinions anti-populaires et leurs manœuvres scandaleuses, ont rendu les objets de l'indignation publique, n'ont jamais eu à se plaindre d'aucune violation faite à leur personne ; qu'enfin il ne leur est pas difficile de reconnoître la différence qu'il y a entre ces Députés pervers, et celui que les vengeances et l'animosité poursuivent sous prétexte de dénonciations vagues et sans

(5)

preuves, à qui les personnes les plus sé-
vères n'ont pu judicieusement reprocher
qu'un patriotisme excessif, un zèle trop
ardent pour les intérêts de la République,
mais dont le véritable crime est d'être
doué d'une rare perspicacité, d'un gé-
nie scrutateur, qui lui fait pénétrer jusques dans les replis les plus secrets du
cœur de l'homme fourbe et pervers, réu-
nis à une surveillance toujours en action,
qui le rendent redoutable aux ambitieux,
aux intrigans, aux conspirateurs.

Les Citoyens de la Section des Piques,
pour détruire, autant qu'il est en leur pouvoir, le prétexte qui sert d'appui aux
persécutions qu'éprouve en ce moment le
Membre de la Convention dont il s'agit,
et celles qui menacent tous les autres
Mandataires du peuple, que leur civisme
peut porter à dénoncer le machiavélisme
des intrigans, qui cherchent à déshono-
rer la Convention, ont unanimement dé-
libéré de remettre sous les yeux des braves
Marseillois, les principes que la raison,
le bon sens et l'expérience ont consacrés
sur l'objet des dénonciations, persuadés
que leur développement contribuera effi-
cacement à faire revenir de leur erreur
ceux de leurs freres, qui auroient pu être
séduits par de fausses opinions; ils croient
aussi devoir rendre publiques ces réfle-

A 3

xions, afin de ramener à la vérité ceux de leurs Concitoyens que le poison de la séduction auroit pu entraîner dans les mêmes erreurs.

C'est le plus souvent par l'abus des termes et des expressions qu'on parvient à tromper le peuple, et à l'éloigner des principes sur lesquels son bonheur doit être établi. Ainsi, les partisans, du modérantisme, en prêchant par-tout le respect pour les *autorités constituées*, la soumission aux *autorités constituées*, la confiance envers les *autorités constituées* ont égaré nombre de Citoyens, qui confondant la fonction avec le Fonctionnaire, les autorités constituées avec les personnes constituées en autorité, sont devenues les échos des ennemis ou des intrigans de la révolution, et ont improuvé avec eux les patriotes surveillans, que le cri de leur conscience et l'amour du bien public ont portés à dénoncer à l'opinion ceux des fonctionnaires qu'ils avoient les plus grands motifs de soupçonner de malversation et d'infidélité. Ainsi, par une erreur de mots adroitement disséminée, mille fois le cri de la vérité a été étouffé dès les premiers momens où elle a osé faire entendre sa voix. Mais s'il est aujourd'hui démontré à toutes les personnes un peu sensées, que c'est cette confiance aveugle des *modérés* de bonne foi envers certains hommes constitués en autorité, qui, en favorisant les manœuvres des conspirateurs, nous a conduit sur les bords de l'abyme d'où nous a retiré la journée du 10 août; s'il est également démontré que ce n'est que par une juste défiance invoquée par les patriotes inquiets, ardens et soupçonneux, et par la surveillance des bons Citoyens parmi lesquels les dénonciations ont jetté l'alarme, que nous avons été amenés à cette journée mémorable, qui, en dévoilant à toute la France le vaste complot de la cour, nous a une seconde fois délivré de l'oppression de nos tyrans; de quel œil doit-on regarder aujourd'hui ces hommes, qui abusant des mêmes expressions et prêchant encore une aveugle confiance envers les Fonctionnaires publics, qualifient d'agitateurs du peuple et de calomniateurs, les mêmes Citoyens qui n'ont cessé de poursuivre le machiavélisme jusques dans ses derniers retranchemens, et qui continuent d'arracher le masque aux fourbes qui, sous le voile du bien public, veulent élever un nouveau despotisme sur les débris de celui que l'amour de la liberté a terrassé ?

Il est temps, Citoyens, de fixer l'opinion sur un principe essentiel à la liberté, que ses ennemis se sont toujours efforcés d'é-

A 4

carter de l'esprit public ; il est temps de se pénétrer de cette vérité : qu'en temps de révolution, et dans un état où tant de gens spéculent sur les abus ou préferent leurs intérêts à l'intérêt général, la méfiance envers les administrateurs publics est une vertu civique, parce qu'elle conduit au soupçon, du soupçon à la surveillance, et de la surveillance, ou à la connoissance assurée de la pureté des hommes intégres, ou à la découverte des complots des intrigans contre les droits du peuple, tandis que l'excès de confiance ne peut être regardée que comme une lâche insouciance, comme un vice politique, qui, dégénérant souvent en idolâtrie, favorise les conspirations, et entraîne la société dans des malheurs incalculables. Il est temps de démontrer par des raisonnemens et par des faits, que la Patrie n'a pas de plus grands ennemis que ces hommes qui, avec les mots *de paix, d'union, de soumission à la loi, d'obéissance aveugle, de confiance sans bornes*, jettent adroitement de la défaveur sur cette surveillance active du patriotisme, si nécessaire pour empêcher les Mandataires du peuple et toutes les personnes constituées en autorité, d'employer contre ses droits et ses intérets le pouvoir qu'il a remis à leur disposition. Citoyens ! ce n'est pas celui qui dénonce les fonctionnaires publics qui calomnie , c'est celui qui , dans le dessein odieux d'exciter la division entre les départemens et la ci-devant capitale , suppose que le peuple de Paris ne désire pas la paix et l'union , qu'il n'aime pas , et ne respecte pas la loi qui établit le bien de tous , qu'il ne donne pas sa confiance aux Administrateurs qui la méritent par leur civisme et leurs vertus.

Toujours des dénonciations sans preuves ! voilà le cri trivial et par-tout répété des ennemis de la surveillance. Voilà l'arme qui leur sert à diffamer les patriotes dénonciateurs , mais que de simples raisonnemens peuvent facilement émousser. Si le dénonciateur étoit obligé , sous peine d'être traité comme calomniateur , d'apporter, ainsi qu'ils le prétendent , des preuves du fait qu'il dénonce, on n'auroit jamais besoin de faire le procès à personne , puisqu'une dénonciation quelconque seroit réellement une procédure parfaite sur laquelle on pourroit prononcer le jugement. On sent combien cette opinion est absurde , et que tout ce que la raison et la justice peuvent exiger du dénonciateur, c'est qu'il motive assez sa dénonciation pour rendre plausible le soupçon aux personnes en présence desquelles il la fait, sauf aux préposés par la loi à

employer les mesures nécessaires pour ac-
quérir la preuve et la conviction du fait.
Que l'on consulte l'expérience , et l'on
verra si jamais on a porté un jugement
sur une simple dénonciation , si la loi a
jamais sévi contre le dénonciateur faute
d'avoir administré la preuve du fait dé-
noncé. Ajoutons à l'égard de l'imputation
de calomniateur si gratuitement prodiguée
au dénonciateur , qu'il est de principe ,
lorsqu'il s'agit d'objets qui intéressent un
peuple entier , qu'une dénonciation quelconque ne peut être qualifiée de calomnie , que dans le cas où le fait seroit
prouvé faux , et avoir été avancé dans le
dessein de nuire ou à la personne dénon-
cée ou à la chose publique. Sur quoi ces
hommes si séveres fondent-ils leur imputation de calomnie à l'occasion d'un
fait dont personne ne peut encore affir-
mer la vérité ou la fausseté ? C'est sans
doute sur les vertus généralement recon-
nues de celui contre qui la dénonciation
est portée. Eh! qu'ils se tranquillisent ; des
actions véritablement populaires déjoue-
ront bientôt l'imposture ; voilà la réponse
de l'homme public contre la calomnie.
Voyez Pétion , nous le citons ici pour
exemple , parce que c'est un des Administrateurs publics qui a le plus mérité
l'estime générale ; eh bien , c'étoit la seule

arme qu'il opposoit à ses détracteurs, et la calomnie ne put l'atteindre.

Mais ce langage convient peu aux ennemis de la surveillance. Ce n'est pas sur les vertus des Administrateurs qu'ils fondent leurs espérances, mais sur la foiblesse et la crédulité des administrés, sur la corruption de l'esprit public, sur l'animadversion du peuple envers les patriotes ardens qu'ils ne cessent de provoquer. Lorsque vous les entendez aujourd'hui crier à la calomnie contre le dénonciateur Marat, ne vous y trompez pas, Citoyens, ce n'est pas à Marat seul qu'ils font le procès, c'est à tous les Républicains qui, comme lui, auront la noble audace de dévoiler les manœuvres des ennemis de la liberté ; c'est à tous les Citoyens que le sentiment de la justice indignera contre les violateurs des droits du peuple ; c'est le courage, l'intrépidité et toutes les vertus civiques qu'ils veulent paraliser ou assassiner par le glaive de la loi.

Lorsque Marat, dès le commencement de la révolution, s'efforçoit de déchirer le voile qui couvroit les fourberies de l'agioteur Génevois, lorsqu'il faisoit le tableau des dangers auxquels l'enthousiasme public, envers ce Tartuffe, exposoit la patrie, les ennemis de la surveillance

crioient aussi à la calomnie, et travail-
loient la confiance du peuple et ses erreurs pour tromper la multitude sur le
compte de ce Ministre prévaricateur, Ils
qualifioient dès-lors Marat d'incendiaire
et d'agitateur, et ce ne fut que long-tems
après, que l'évasion de cet adroit spolia-
teur justifia les prédictions de Marat ; et
dans le tems où chaque jour il levoit un
coin du masque de politesse et de fausse
urbanité qui cachoit aux yeux des Pari-
siens les vues sanguinaires du traître la
Fayette ; *encore un flacon d'encre*, di-
soit-il, *et l'idole est renversée.* Pourquoi
en usa-t-il encore plus de trois flacons
avant la chûte de l'idole ? c'est que les
ennemis de la surveillance prônoient en
tous lieux les vertus du héros des deux
mondes, et s'agitoient en tous sens pour
proscrire et rendre odieux son dénonciateur ; et il a fallu que le Général conspirateur dévoilât lui-même ses perfidies,
pour que la multitude pût ajouter foi aux
prédictions de Marat. Ce furent aussi les
ennemis de la surveillance qui, lorsque
les patriotes *Chabot*, *Merlin* et *Bazire*,
dénonçoient à l'Assemblée Législative les
complots du cabinet autrichien, nioient
effrontément qu'il y eut un cabinet Autrichien conspirateur, et qui faisoient lan-
cer par le feuillantin *Larivière* des man-

dats d'arrêts contre des courageux Citoyens, aussi sous le prétexte qu'ils n'ac-
compagnoient pas leurs dénonciations de
preuves matérielles. Par-tout alors, comme aujourd'hui, on leur entendoit dire
et à leurs affidés : *toujours des dénonciations sans preuves !* et cependant les
complots du cabinet autrichien se sont
réalisés comme les crimes des Necker et
des Moitié.

Ces faits seuls, rapprochés de ce qui
se passe aujourd'hui à la Convention Nationale, devroient suffire pour donner la
mesure du caractere et des principes du
Citoyen dont on manœuvre la perte, et contre lequel on provoque la fureur du peuple.
Ils devroient éclairer les Citoyens qu'une
fausse opinion accréditée par les artifices
des corrupteurs de l'esprit public, a pu
rendre injustes à son égard ; ils devroient
enfin fixer leur jugement sur les vrais
amis de la liberté. Pour vous, braves
Marseillois, qui avez prouvé tant de fois
par votre civisme que vous étiez au ni-
veau de la révolution, il n'est pas facile
de vous en imposer au point de vous
faire prendre pour les ennemis du peuple
les véritables défenseurs de ses droits ; et
s'il y avoit parmi vous quelques-uns de
nos freres qui fussent dans l'erreur à cet
égard, elle ne pourroit être que momen-

tanée. Il ne faut pas beaucoup d'élo-
quence pour vous convaincre que *les vrais
agitateurs*, *les vrais provocateurs des
troubles*, ne sont pas ceux qui s'efforcent
de les prévenir en dénonçant les malver-
sateurs et en tâchant de contenir par la
terreur les ennemis de la République,
mais ceux qui, redoutant la vérité, font
une guerre sourde aux patriotes surveillans ; que *les vrais agitateurs*, *les vrais
provocateurs des troubles*, ne sont pas
ceux qui prêchent la liberté des opinions,
mais ceux qui, sous des prétextes astu-
cieux, présentent à la Convention des
loix destructives de la liberté de la presse ;
qu'enfin *les vrais agitateurs*, *les vrais
provocateurs des troubles*, ne sont pas
ceux qui mettent en principe que des
Législateurs qui s'investiroient d'une force
armée, se rendroient suspects d'intentions
préjudiciables aux intérêts du peuple,
mais ceux qui ont l'impudeur de proposer
à la Convention des mesures propres à faire
de ses Mandataires un Sénat de Despotes.
Ceux-là sans doute seroient responsables envers la Patrie des désordres et des malheurs
auxquels elle seroit exposée, si la majo-
rité de la Convention, abusée par leurs
sophismes, et séduite par leur tactique in-
sidieuse, venoit à adopter leurs sinistres
projets ; si au lieu de s'assurer s'il existe

véritablement dans son sein une faction perfide qui peut y prendre assez de consistance pour la compromettre aux yeux de la nation ; si, négligeant d'approfondir la vérité ou la fausseté des dénonciations qui lui sont faites par un de ses membres contre des Ministres soupçonnés de prévarication et d'infidélité, contre des Chefs des Armées de la liberté, soupçonnés de sacrifier au Machiavelisme et à l'intrigue, des Soldats patriotes, elle perdoit assez de son impassibilité pour partager les haines qui se manifestent au milieu d'elle contre celui de ses membres qui montre le plus de courage à dévoiler les cabales et les intrigues, et pour lui refuser la protection que la justice et les loix doivent accorder à tous les dénonciateurs, pour les mettre à l'abri de la fureur des vengeances.

CITOYENS, s'il existe des partis contraires au bien général, qui cherchent à profiter des troubles qu'ils suscitent, ne les redoutons pas, mais contenons-les par notre surveillance, et n'oublions pas un instant que c'est du plus grand calme que nous devons attendre le salut de la République.

L'ASSEMBLÉE GENERALE a arrété à l'unanimité l'impression de cette-Adresse, qui sera affichée, envoyée aux 47 autres Sections, ainsi qu'à nos Freres d'armes des 83 Départemens.

ARTHUR, Président.

TERNOIS, Secrétaire.

De l'Imprimerie de la SECTION DES PIQUES, rue S. Fiacre, N°. 2.